Liebeskummer und Trennung überwinden

Das Selbsthilfebuch

Wie Sie den Weg aus dem Trennungsschmerz hin zu Selbstliebe & Selbstfürsorge finden und schnell wieder glücklich werden

Anna-Maria Perlich

INHALT

Das erwartet Sie in diesem Buch

Trauer, Einsamkeit, schlaflose Nächte und die wahrscheinlich allgegenwärtig präsente Frage nach dem „Warum" – es ist kein Geheimnis: Liebeskummer tut weh. Befinden Sie sich gerade in solch einer Lebensphase und haben Sie das Gefühl, keinen richtigen Ausweg mehr zu sehen? Dann haben Sie mit dem Kauf dieses Ratgebers schon einmal den ersten Schritt in die richtige Richtung getan. Und eine Sache kann ich Ihnen schon vorweg garantieren: Sie sind nicht allein, auch wenn Sie gerade die Gefühle von schwerwiegender Hilflosigkeit und Einsamkeit überkommen und gefangen halten.

Mit diesem Ratgeber werden Sie Klarheit in Ihre Gefühlswelt bringen können, da Ihnen nicht nur praktische Tipps zur Überwindung des Schmerzes gegeben werden, sondern Ihnen der Liebeskummer in seiner ganzen Bandbreite näher-gebracht wird, auch durch theoretische Ansätze. Zunächst widmen wir uns nämlich genau diesen, Ihnen werden Statistiken vorgestellt sowie ver-schiedene theoretische Fakten als Grundlage für das Verständnis von Liebeskummer. Des Weiteren sollen auch psychologische Erklärungen eine Rolle spielen, welche Sie nicht nur über die Aus-wirkungen des seelischen Schmerzes auf den Kör-per, sondern auch auf die Psyche informieren wer-den. Etwas spezifischer wird es, wenn es um die persönlichkeitsabhängige Wahrnehmung von Lie-beskummer aufgrund der verschiedenen Bin-dungstypen geht, wobei hier auch die Unter-schiede im Umgang mit dem Schmerz beleuchtet werden.

Natürlich sollen Ihnen nach so einer umfang-reichen theoretischen Schilderung, welche aber, da sie einen großen Teil zum Verständnis Ihrer

Gefühlslage beiträgt, nicht vernachlässigt werden sollte, auch praktische Tipps begegnen, um konkrete Schritte der Besserung einzuleiten. Im Zuge dessen wird Ihnen auch nähergebracht, wie Sie die körperlichen Begleiterscheinungen abschwächen oder gar verhindern können und was Sie schlussendlich aus dieser Lebensphase mitnehmen können.

Theoretisches Verständnis von Liebeskummer

Vermutlich sind Sie vor allem an den praktischen Tipps dieses Ratgebers interessiert, aber lassen Sie sich zunächst einmal davon abhalten, direkt zu ihnen weiterzublättern. Ein grundlegendes Verständnis dafür, was in unserem Körper und der Psyche vor sich geht, wenn wir Liebeskummer verspüren, dient Ihnen als Voraussetzung zur Anwendung dieser ersehnten

Tipps, da Sie somit reflektierter an die ganze Sache herantreten können.

WARUM HABEN WIR ÜBERHAUPT LIEBESKUMMER?

Der Sinn hinter Ihrem Trennungsschmerz lässt sich vor allem evolutionär begründen. Liebeskummer hielt unsere Vorfahren davon ab, sich ständig von ihren Partnern zu trennen. Dies war notwendig, um die Aufrechterhaltung der Familie und die Fortpflanzung sicherzustellen. Im Zuge dessen wurde ihr Zusammenhalt durch eine emotionale Bindung gestärkt, was sich auch positiv auf den Nachwuchs auswirken sollte.

FORSCHUNG & STATISTIK

Zunächst einmal möchte ich Ihnen klarmachen, dass Sie mit Ihren Sorgen keinesfalls allein sind und dafür fundierte Ergebnisse aus der Forschung liefern.

Laut einer Online-Umfrage zum Thema „Wann hatten Sie das letzte Mal Liebeskummer?" aus dem Jahr 2018, in welcher 4452 Singles in

Deutschland im Alter von 18 bis 69 Jahren befragt wurden, lässt sich erkennen, dass 13 % zum Befragungszeitpunkt unter Liebeskummer litten und weitere 19 % ihn in den vergangenen sechs Monaten erfahren mussten. Innerhalb dieses Zeitraums haben sich also 5,3 Millionen Menschen in Deutschland das Leid geteilt – und fühlten sich vermutlich genauso einsam wie Sie in diesem Moment. Lediglich 4 % der Befragten gaben an, dass sie noch nie unter Liebeskummer litten.[1]

Oder denken Sie einfach mal an die Musik-, Kunst- oder Literaturbranche: Wie viele Werke würden der Welt wohl nun fehlen, hätten Ihre Künstler keinen Herzschmerz erfahren?

WAS IST NUN LIEBESKUMMER UND WAS MACHT ER MIT UNS?

Zunächst gibt es verschiedene Arten, Liebeskummer zu definieren. Dies wird häufig nach den verschiedenen Ursachen getan: Er kann zum einen bedeuten, dass er sich auf einer einseitigen Liebe

---

[1] https://de.statista.com/statistik/daten/studie/927125/umfrage/umfrage-unter-singles-zum-letzten-liebeskummer/

begründet. Es kann aber auch sein, dass Menschen schon während Ihrer Beziehung Liebeskummer erleiden, weil sie diese als gefährdet ansehen. In diesem Ratgeber widmen wir uns jedoch dem Liebeskummer, welcher auf einer erlebten Trennung basiert.

So viele Gründe es für die Trennung von einem geliebten Menschen gibt, der Schmerz äußert sich bei den meisten Menschen ähnlich. Die Situation setzt den Körper einer enormen Stresssituation aus und, um mit dieser Situation klarzukommen, benötigt er viel Energie, welche er auf Dauer nur durch Cortisol erhält, da das Hormon Adrenalin ihm diese Energie nur kurzzeitig zur Verfügung stellen kann. Cortisol ist als Stresshormon bekannt, welches nicht nur bei zu hoher physischer Anstrengung freigesetzt wird, sondern eben auch bei großer psychischer Belastung. Leidet man nun unter Liebeskummer, schafft der Körper es außerdem meist nicht, das Cortisol zeitnah abzubauen, was dazu führt, dass Sie sich kraftlos und Ihrer Energie beraubt fühlen.

Mit einer Trennung geht die verringerte Ausschüttung des Glückshormons Dopamin einher. Da im Zustand des Verliebtseins, also einem emotionalen Hoch, der Körper dementsprechend mehr Dopamin und Serotonin freisetzt, fällt man also umso tiefer, wenn diese Ausschüttung sich nun stark verringert. Vielleicht haben Sie auch schon einmal von der Bezeichnung „Liebe sei eine Droge" gehört – und genau aus dem Grund der schwachen Ausschüttung des Dopamins nach diesem emotionalen „High" leiden Menschen an regelrechten Entzugserscheinungen, wie bei einem Drogenentzug beispielsweise. Suchtexperten haben sogar bewiesenermaßen herausgefunden, dass sich Liebe und Drogenabhängigkeit in denselben Hirnarealen abspielen.

Körperliche Auswirkungen
„Krank vor Liebe sein" und „Herzschmerz fühlen" – diese romantisierenden Umschreibungen klingen wie verharmlosende Teenie-Probleme, dass Körper und Psyche eng miteinander verbunden sind und was für Auswirkungen der lang anhaltende innere Stress auf unseren Körper haben kann, lässt sich allerdings nicht zuletzt an den Folgen einer Trennung erkennen, welche jedoch keineswegs verharmlost werden sollten. Die

Symptome, die wir bei Liebeskummer körperlich bemerken, nennen sich psychosomatische Beschwerden, welche eben genau diese körperlichen Beschwerden aufgrund psychischer Faktoren beschreiben.

Häufig auftretende psychosomatische Beschwerden:
Kopfschmerzen, Bauchschmerzen, Schlaflosigkeit/Insomnia, Kreislaufprobleme, Konzentrationsprobleme, Appetitlosigkeit oder verstärkter Appetit und damit einhergehende Gewichtsab-/-zunahme, Hautprobleme, geschwächtes Immunsystem

---

Es mag einem vielleicht auf den ersten Blick komisch vorkommen, dass Liebeskummer zu Hautproblemen führen kann, vielleicht haben Sie aber auch schon einmal von dem Sprichwort „Die Haut ist der Spiegel unserer Seele" gehört – in stressigen Situationen machen sich deshalb nicht allzu selten ungewünschte Unreinheiten bemerkbar.

Was den meisten Betroffenen hingegen bekannt vorkommen dürfte, ist die Veränderung unseres Appetits, wobei es zwei unterschiedliche Parteien gibt: Die einen, denen der Kummer auf den Magen schlägt, die tagelang nichts hinunterbekommen, ohne dass ihnen schlecht wird, und dann das genaue Gegenteil, diejenigen, die die innere Leere versuchen zu füllen und das Essen nur so in sich hineinstopfen. Infolgedessen lässt sich auch erklären, wieso sich bei vielen Menschen nach einer Trennung eine Veränderung ihres Gewichts bemerkbar macht. Schließlich geht Liebe durch den Magen – Ja, auch hier lässt sich wieder ein schlaues Sprichwort einbringen.

Vielleicht geht es Ihnen momentan auch so und Sie bekommen trotz Abgeschlagenheit und körperlicher sowie mentaler Ermattung nachts kaum ein Auge zu – durch den erhöhten Cortisolspiegel gelingt es dem Körper nur schwer, zur Ruhe zu kommen.

Durch den hohen Cortisolspiegel lässt sich ebenfalls erklären, warum die wichtigsten Abwehrzellen nicht mehr gut funktionieren und unser Immunsystem dadurch geschwächt wird. Die erhöhte Anfälligkeit für Viren und Bakterien führt dann zu allem Übel auch noch dazu, dass manch einer die Zeit nach der Trennung krankheitsbedingt im Bett verbringen muss.

<u>Schwerwiegendere körperliche Symptome:</u>
Der wortwörtliche Herzschmerz kann sich im sogenannten „Broken-Heart-Syndrom" äußern, welches zwar eher selten aufritt, die Ernsthaftigkeit vom Thema Liebeskummer jedoch sehr gut beleuchtet: Die Symptome ähneln mit Brustschmerzen, Zusammenkrampfen des Herzens und Atemnot denen eines Herzinfarktes, sind jedoch weniger gefährlich. Verursacht wird das Broken-Heart-Syndrom durch eine Verengung der Herzkranzgefäße, wodurch eine Schädigung des Herzmuskels verursacht wird und die Pumpleistung des Herzens gefährdet wird.

Auch hier ist Stress der auslösende Faktor. Im schlimmsten Verlauf kann diese Herzmuskelerkrankung zu Herzrhythmusstörungen oder sogar dem plötzlichen Herztod führen – das erklärt auch, wieso vor allem ältere Menschen häufig nach dem Tod ihres Partners oder anderen nahestehenden Personen selbst sterben. Die Sterblichkeitsrate aller erfassten Fälle aus dem Jahr 2005 lag bei etwas über 3 %. In den meisten Fällen ist die Herzfunktion nach wenigen Wochen jedoch wieder weitestgehend normalisiert. Aber lassen Sie

sich erst mal beruhigt sein: Die Wahrscheinlichkeit, dass diese Krankheit genau Sie treffen wird,
ist sehr gering aufgrund ihres seltenen Auftretens.
Da sie jedoch nicht zu unterschätzen ist, wollte ich
sie an dieser Stelle trotzdem erwähnen und sollten
Sie Symptome verspüren, kontaktieren Sie
schnellstmöglich einen Arzt

Mentale Auswirkungen

Da man bei Liebeskummer nun aber nicht so einfach zur Heilung ein Pflaster auf eine körperliche
Wunde kleben kann, gilt er als „sozialer Schmerz",
welcher sich nicht nur auf körperlicher Ebene bemerkbar macht, sondern auch auf emotionaler.
Wichtig zu erwähnen ist, dass es sich meist nicht
nur um eine vorübergehende Traurigkeit handelt
und das Thema deshalb viel mehr beleuchtet werden sollte – wie schon erwähnt, handelt es sich
eben nicht nur um Teenie-Probleme, die sich auf
dem Schulhof abspielen, sondern es wirft auch
viele Erwachsene aus der Bahn, oft so stark, dass
sie nicht mehr in der Lage sind, rational zu handeln.

Liebeskummer wirkt sich häufig negativ auf die Konzentration aus. Vielleicht bemerken Sie es selbst, dass Ihre Leistung bei der Arbeit, im Studium oder auch in der Schule deutlich absinkt, aber auch die Konzentration auf Dinge, die Ihnen einst Spaß gemacht haben, lässt nach und Sie finden kaum mehr die Motivation, Ihren Hobbys nachzugehen, und die Konzentrationsspanne reicht häufig nicht mal mehr für eine Folge Ihrer Lieblingsserie? Ja, auch dies ist eine unangenehme Nebenerscheinung des Liebeskummers.

Gar nicht so selten entwickeln Menschen, welche nicht im Einklang mit dem Ende einer Beziehung waren, depressive Symptome wie beispielsweise Lustlosigkeit, Rückzug gegenüber anderen, Interessenverlust an einst bedeutsamen Dingen oder Perspektivlosigkeit. Normalerweise schwächen diese Symptome in einem Zeitraum von ungefähr zwei Wochen jedoch wieder ab. Von einer Depression, einer psychischen Erkrankung, ist also trotz ähnlichen Symptomen erst einmal nicht die Rede. Verringern sich die Belastungen jedoch über einen bestimmten Zeitraum nicht, können Ihnen zunächst einmal folgende Fragen Anhaltspunkte liefern, ob sich bei Ihnen nicht vielleicht doch eine Depression nach der Trennung entwickelt:

➤ Sie versuchen, sich mit einstigen Hobbys oder Ihren Freunden abzulenken, und es bringt ihnen trotzdem keinen Spaß mehr wie zuvor?

➤ Sie fühlen sich durchgängig antriebslos und abgeschlagen, nicht nur dann, wenn Ihre Gedanken um Ihre vergangene Beziehung kreisen?

➤ Plagen Sie starke Schuldgefühle und fühlen Sie sich aufgrund dessen zunehmend wertloser?

➤ Damit einhergehend: Blicken Sie negativ in die Zukunft und haben Sie das Gefühl, alles sei aussichtslos?

➤ Sind diese Gefühle der Hoffnungs-, Motivations- und Antriebslosigkeit in einem auffallenden Ausmaß über einen längeren Zeitraum als zwei Wochen beständig?

Durch diese depressiven Symptome und das generell hohe Stresslevel, welchem der Körper ausgesetzt ist, kann es auch zu extremen Angstzuständen und Panikattacken kommen, welche sich durch körperliche Symptome wie Herzrasen oder Atemnot bis hin zur Hyperventilation bemerkbar machen. Panikattacken sind eine Alarmreaktion des Körpers auf von außen einfließende Ängsten in bedrohlichen Situationen. Sie merken schon – eine klare Linie zwischen körperlichen und mentalen Auswirkungen zu ziehen, ist gar nicht so einfach.

Besonders gefährlich wird es dann, wenn durch diese depressiven Verstimmungen Suizidgedanken entwickelt werden oder die Betroffenen beginnen, sich selbst zu verletzen. Bei diesem sensiblen Thema ist es jedoch wichtig, es nicht einfach unkommentiert in den Raum zu werfen. Psychologen sind der Meinung, dass bei Suizidgedanken noch andere Faktoren und auch die Persönlichkeitsstruktur eine Rolle spielen. Liebeskummer kann dann der Grund für das Aufkommen dieser Gedanken sein, das bedeutet jedoch nicht, dass es der einzige ist. Hier sollte umgehend professionelle Hilfe eingeschaltet werden.

Des Weiteren gilt Liebeskummer aus psychologischer Sicht als Anpassungsstörung, da eine ganze Lebensstruktur zusammenbricht und sich die Betroffenen zwingenderweise an die neue Situation anpassen müssen. Die Reaktion eines Menschen auf solch einen Verlust ist laut der „Bindungstheorie" von dem britischen

Kinderpsychologen John Bowlby abhängig von dem persönlichen Bindungsstil. Diesen Bindungsstil, im Konzept Bowlbys *Bindungstyp* genannt, entwickeln wir im Verlauf unseres Lebens, er ist abhängig von den Erfahrungen, welche wir mit zwischenmenschlichen Beziehungen ab dem Zeitpunkt unserer Geburt machen.

Die im Folgenden erläuterten Bindungstypen nach Bowlby basieren auf einem Experiment, bei welchem die Bezugsperson eines Kindes, in diesem Fall die Mutter, den Raum verließ und somit eine Trennung inszenierte. Infolgedessen wurde das Verhalten der Kinder analysiert, wobei sich vier Bindungstypen herauskristallisierten:

1) Sichere Bindung

➢ Den Gefühlen wird Ausdruck verliehen und es wird offen mit ihnen umgegangen. Dem Experiment zufolge reagierten Kinder dieses Typs mit lautem Weinen und Schreien, halten sie schließlich ihre Mutter wieder im Arm, beruhigen sie sich schnell.

2) Unsicher-vermeidende Bindung

➤ Eine Person dieses Bindungstyps zeigt nach einer Trennung ihre Gefühle nicht offen und mag auf den ersten Blick selbstbewusst und selbstständig wirken. Diesem Bindungstyp liegt mit großer Wahrscheinlichkeit zugrunde, dass in der Kindheit die Erfahrung gemacht wurde, dass Eltern nicht ausreichend auf die Bedürfnisse eingingen, wodurch sich ein negatives Selbstbild gezeichnet hat. Kinder reagierten auf die Trennung von der Mutter mit Desinteresse, zeigten Kontakt-Vermeidungsverhalten, lenkten sich mit Spielzeug ab und kompensierten so den innerlichen Stress.

3) Unsicher-ambivalente Bindung
➤ Wie der Name verrät, reagiert eine Person dieses Typs ambivalent auf eine Trennung. Einerseits verspüren sie Ärger auf die Person, die sie verlassen hat, gleichzeitig sehnen sie sich dennoch nach ihrer Nähe. Im Rahmen des Experiments ließen sich Kinder auch nach der Rückkehr der Bezugsperson nur schwer beruhigen.

4) Desorganisierte Bindung

➤ Hier lässt sich keine genaue Verhaltensstrategie ausmachen. Personen sind komplett überwältigt von der Situation, einnehmende Gefühle sind Angst, Ohnmachtsgefühle, Hilflosigkeit und Kontrollverlust. Ausgehend davon wird vermutet, dass man als Kind in den ersten Lebensmonaten Ereignisse nicht richtig verarbeiten konnte und womöglich unter Traumata leidet. Dem Experiment zufolge reagierten Kinder unterschiedlich auf die Trennung; einige mit totaler Emotionslosigkeit, andere mit bizarrem Verhalten wie Sich-im-Kreis-Drehen oder völligem Erstarren.

Mithilfe dieser Bindungstypen lässt sich also nun erklären, wie stark und emotional ein Mensch auf eine Trennung von einer Person, zu welcher eine feste Bindung etabliert wurde, reagiert und diese Emotionen nach außen trägt. Ein abgewiesener Wunsch nach Bindung verstärkt das bindungssuchende Verhalten, was das Gefühl von Einsamkeit nach einer Trennung leider noch verstärkt.

Diese psychischen Belastungen durch das Reagieren auf eine Trennung lassen sich auf das Konzept der Grundbedürfnisse, welche bei Ihnen in einer solchen Phase der Trauer nicht erfüllt werden, beziehen.

Die vier psychischen Grundbedürfnisse
➤ Bindung
➤ Selbstwert
➤ Kontrolle & Selbstbestimmung
➤ Lust / Unlust

Bei dem Bedürfnis nach der Bindung geht es um den Wunsch nach Zusammengehörigkeit und Liebe zu einem bzw. einer Partner*in, Freund*in, der Familie, aber auch zu sich selbst – dieses Bedürfnis liegt seit jeher in der Natur des Menschen.

Der Punkt Selbstwert bezieht sich auf die Selbstwerterhöhung und den Selbstwertschutz, welcher in Verbindung mit dem Wunsch, respektiert und geschätzt zu werden, gebracht werden kann, und zwar in zweierlei Hinsichten: Zum einen haben wir das Bedürfnis nach Wertschätzung unserer Taten, zum Beispiel die erbrachte Arbeitsleistung, zum anderen sehnen wir uns auf emotionaler Ebene nach Wertschätzung dafür, wer wir sind, unabhängig von unseren Leistungen.

Zwei verschiedene Ebenen umfasst auch der Aspekt „Kontrolle und Selbstbestimmung": Hierbei geht es zum einen um das Bedürfnis nach Orientierung und Kontrolle nach innen, bezogen auf den eigenen Körper und die eigene Psyche. Dies umfasst das Verständnis unserer Gefühle und den Grad der Selbstbestimmung, zum anderen geht es auch um die Orientierung nach außen, das Verständnis des Systems, in welchem wir uns bewegen und wie viel individuellen Gestaltungsfreiraum es uns bietet.

Lust / Unlust meint, dass wir lustvolle, angenehme und erfreuliche Ereignisse anstreben und schmerzhafte Erfahrungen intuitiv vermeiden. So lässt es sich durch die Frage „Hast du Lust ...?" einfach erklären, denn meist wissen wir schon ganz intuitiv und spontan, was das Beste für uns in diesem Augenblick im Hinblick auf die gestellte Frage ist.

Leiden Sie nun unter Liebeskummer, kann keines dieser Grundbedürfnisse befriedigt werden. Durch den Verlust des bzw. der Partner*in und möglicherweise damit zusammenhängend noch den eines Freundeskreises und einer zweiten Familie ist insbesondere das Bedürfnis nach

Bindung verletzt. Außerdem besteht eine hohe Wahrscheinlichkeit aufgrund möglicher Schuldgefühle und Selbstzweifel, dass der Selbstwert stark geschwächt ist. Gefühle des Kontrollverlusts und der Orientierungslosigkeit sind ebenfalls keine Seltenheit in solch einer Phase, eine schmerzhafte Erfahrung ließ sich dazu auch nicht vermeiden.

GESCHLECHTERSPEZIFISCHE UNTERSCHIEDE

Gefährlich werden kann der Liebeskummer dann, wenn der Cortisolspiegel über mehrere Wochen oder Monate hin im Überschuss ist. Betroffene können infolgedessen nicht nur unter Kraftlosigkeit leiden, sondern tendieren auch eher zu aggressiverem Verhalten. Besonders Männer sind von Letzterem öfter betroffen als Frauen, nicht unbeachtet zu lassen sei außerdem der Fakt, dass dieses Verhalten nicht allzu selten obsessiv werden kann und zum Stalking übergehen zu droht. Dies ist heutzutage vor allem durch das Internet und die sozialen Medien erleichtert worden.

Des Weiteren tendieren Männer eher dazu, ihren Kummer in Alkohol zu ertränken und sich kurzfristig durch das Partyleben, die Arbeit, Sport oder auch direkt mit einer neuen Bekanntschaft ablenken zu lassen. Diese kurzfristige Ablenkung mündet jedoch darin, dass Frauen zwar stärker unter dem Aus einer Beziehung leiden, Männer aufgrund vernachlässigter Verarbeitung dafür jedoch länger. Dies wurde sogar wissenschaftlich durch die Binghamton Universität im Rahmen der Studie mit dem Titel „Quantitative Geschlechterunterschiede in der Reaktion auf eine gescheiterte Liebesbeziehung" bestätigt.

Die 5705 Teilnehmer der Studie aus 96 unterschiedlichen Ländern wurden gebeten, ihren körperlichen und seelischen Schmerz nach einer Trennung auf einer Skala von 1 (kein Schmerz) bis 10 (unerträglich) anzugeben. Es stellte sich heraus, dass Frauen durchschnittlich zwar emotional mit 6,84 Punkten und auch physisch mit 4,21 Punkten stärker leiden im Gegensatz zu Männern (6,58; 3,75 Punkte), sie sich allerdings auch schneller und besser von dem Schmerz erholen. Sie gehen im Schnitt gestärkter aus der Phase der Trennung als Männer, welche, so die Studie, sich gar nicht wirklich erholen, sondern einfach weitermachen, indem sie verdrängen und kompensieren.

Die Frage nach dem allgemeinen Gemütszustand beantworteten Frauen mit Angst, Sorge und depressiven Symptomen, Männer hingegen empfanden eher Wut und fühlten sich verloren.[2]

Im Umgang mit Liebeskummer gibt es nun also fundierte geschlechterspezifische Unterschiede: Frauen werden leiser, versuchen, das Scheitern einer Beziehung zu analysieren, während Männer dagegen eher lauter werden und so tun, als würde es ihnen nichts ausmachen. Traurigerweise spielen hier erkennbar die noch immer in der Gesellschaft verankerten Strukturen eine Rolle, welche Männer als das „starke Geschlecht" kategorisieren, dass möglichst keine Gefühle zeigen soll, ganz im Gegensatz zu der „emotionalen Frau". Darauf, dass dies allerdings überhaupt keinen Sinn ergibt, da Verdrängen der Gefühle langfristig sogar ziemlich gefährlich werden kann, kommen wir jedoch noch im praktischen Teil dieses Buches zurück. Festhalten möchte ich hier

---

[2] https://www.sciencedaily.com/releases/2015/08/150806151406.htm

allerdings, dass Liebeskummer also auch etwas mit Feminismus zu tun hat und dringend aufgehört werden muss, Gefühle als rein weibliche Eigenschaft anzusehen und Männern damit den Mut zu nehmen, über ihre offen zu reden.

Die Unterschiede lassen sich aber vor allem auch evolutionsbedingt erklären: Männern fällt es deshalb leichter, schnell weiterzuziehen, da sie sich nicht mit einer Schwangerschaft auseinandersetzen müssen. Andersherum stellte sich in derselben Studie jedoch auch heraus, dass Trennungen häufiger von Frauen eingeleitet werden. Auch dies hängt mit der Evolution zusammen, da es zu früheren Zeiten schwieriger gestaltete, als Frau allein ein Kind großzuziehen, weshalb sehr wählerisch in Hinblick auf die Partnerwahl umgegangen wurde und immer noch wird.

Aber auch bei den körperlichen Auswirkungen lassen sich Unterschiede verzeichnen. So sind Frauen nach ihren Wechseljahren häufiger vom Broken-Heart-Syndrom betroffen als Männer, was an ihrem sinkenden Östrogenspiegel liegt, was wiederum die Ausschüttung von Stresshormonen stark begünstigt.

PHASEN VON LIEBESKUMMER

Zwar verläuft natürlich nicht jeder Liebeskummer gleich, sondern gestaltet sich individuell von Mensch zu Mensch anders, allerdings lässt sich durch Forschungsergebnisse sichtbar machen, dass sich eine grobe Richtung für den Verlauf erkennen lässt. Dieser wird häufig in Phasen eingeteilt, wie zum Beispiel von der österreichischen Psychologin und Psychotherapeutin Dr. Gerti Senger, welche die Anpassung eines Menschen nach einer Trennung an die neuen Lebensumstände erforschte. Durch ihre Forschungsergebnisse teilt sie den Liebeskummer in fünf Phasen ein:

Phase 1: Schock und Protest

➢ Der Zeitraum unmittelbar nach der Trennung ist geprägt durch Unverständnis, man tut sich schwer damit einzusehen, was eigentlich gerade passiert, und will es auch gar nicht wahrhaben. Man spürt, dass etwas nicht stimmt, und bildet sich ein, dass die Trennung total unvorhersehbar eingetroffen ist, obwohl es in den letzten Wochen oder Monaten schon Anzeichen dafür gab, dass mit der Beziehung nicht mehr alles gestimmt hat.

Phase 2: Lähmung

➢ Langsam realisiert man, dass die Beziehung nun endgültig vorbei ist, was zu einem gelähmten Zustand führt. Man fühlt sich hilflos, weiß nicht, wie man mit der Situation umzugehen hat, und die Kontrolle gleitet einem aus den Händen, alles fühlt sich irgendwie mechanisch und ferngesteuert an.

Phase 3: Kampf

➢ In dieser Phase kommt es zu krankhaften Bemühungen, den oder die Ex-Partner*in zurückzugewinnen. Man macht sich größtenteils selbst etwas vor, indem man dem/der Ex-Partner*in Kompromisse zugesteht, die man eigentlich gar nicht mit sich selbst vereinbaren kann. Man verspricht, sich zu bessern, schlägt eine Trennung auf Probe vor, um Zeit und Raum zu gewinnen. Es wird alles getan, um noch eine letzte Chance zu bekommen und die Beziehung womöglich noch zu retten – aussichtslos.

Phase 4: Eingeständnis

➢ Diese Phase ist wahrscheinlich eine der schwersten: Alle letzten Hoffnungen und Bemühungen hatten keinen Zweck und man muss sich eingestehen, dass sie endgültig gescheitert sind. Dies bringt Traurigkeit und Wut mit sich, die körperlichen und mentalen Auswirkungen, welche ich oben bereits geschildert habe, machen sich breit. Der Alltag wird zur Herausforderung und erfordert Anpassung.

Phase 5: Loslassen

➤ Die Traurigkeit ist in dieser Phase noch lange nicht überwunden, jedoch wird die neue Lebenssituation akzeptiert – auch ohne den oder die alte(n) Partner*in. Es wird nach einer neuen Position im Lebensumfeld gesucht, wobei Erinnerungen an den oder die Ex einen noch immer aus der Bahn werfen, zum Beispiel beim Besuchen von Orten, welche mit diesem verlorenen Menschen in Verbindung gebracht werden.

Wie schon erwähnt, sind diese Phasen jedoch ein Konstrukt und individuell abhängig, zudem spielen auch Faktoren der Beziehung mit hinein – etwa die Länge und Intensität.

DAUER VON LIEBESKUMMER

Auch über die anhaltende Länge des Trennungs-schmerzes lassen sich keine genauen Angaben machen, trotzdem gibt es auch im Rahmen dieses Themas Studien, welche ihre Forschungsergeb-nisse vorstellen und Anhaltspunkte liefern kön-nen.

So wurde zum Beispiel im Oktober / Novem-ber 2020 eine Online-Umfrage von der Dating-Plattform Elitepartner gestartet, woraus hervor-ging, dass die durchschnittliche Dauer des Trennungsschmerzes der 7259 Befragten bei 12,4 Monaten lag. Bei Frauen lag die Dauer im Schnitt bei 12,8 Monaten, Männer litten laut Angaben durch-schnittlich 11,9 Monate, erkennbar sind hier also keine großen Unterschiede. Außerdem stellt sich heraus, dass diejenigen, mit denen Schluss ge-macht wurde, länger und stärker unter der Tren-nung litten, nämlich im Durchschnitt 14,1 Monate.

Von diesen Zahlen sollten Sie sich erst mal je-doch nicht abschrecken lassen, wie gesagt, jeder braucht unterschiedlich lange, um den Schmerz zu verarbeiten. So kann es dem einen schon nach we-nigen Wochen wieder gut gehen, dem anderen erst nach vielen Monaten. Wichtig ist nur, dass Sie auf sich Acht geben und nicht in der Trauer stecken bleiben – wie Sie das am besten angehen, erfahren Sie im folgenden Kapitel.

Praktische Tipps

Nachdem wir uns nun ausführlich dem theoretischen Verständnis von Liebeskummer gewidmet haben, möchte ich Ihnen nun konkrete Tipps mit auf den Weg geben, welche zu Ihrem seelischen Heilungsprozess beitragen sollen. Hierbei werde ich mich zuerst unter anderem an den Phasen des Liebeskummers entlanghangeln und konkrete Tipps zur Überwindung des Schmerzes geben, weshalb ich Ihnen auch so ans Herz lege, den theoretischen Teil nicht zu überspringen. Außerdem haben Sie ja auch bereits erfahren, welche unschönen Begleiterscheinungen der Liebeskummer mit sich bringen kann, körperlich sowie mental, weshalb ich Ihnen im Anschluss zu den allgemeinen konkreten Tipps auch noch Empfehlungen zur Linderung dieser mit auf den Weg geben möchte.

ÜBERWINDEN DES TRENNUNGSSCHMERZES

1) <u>Zulassen des Schmerzes</u>

Oft hören wir nach einer Trennung den Satz: „Du musst loslassen". Dass Loslassen aber erst an späterer Stelle im Verarbeitungsprozess steht, wissen wir nun. Lassen Sie sich nicht negativ beeinflussen und fühlen Sie sich nicht schlecht durch solche Tipps. Keineswegs sind sie schlecht gemeint, möglicherweise weiß Ihr Umfeld auch noch nicht so recht, wie es auf die neue Situation reagieren soll und will Ihnen nur das Beste raten. Versuchen Sie jedoch zu früh, loszulassen, kann dies schnell dazu führen, dass Sie den Schmerz ungewollt verdrängen. Sie lassen den Schmerz gehen, ohne ihn verarbeitet zu haben. Taucht dann plötzlich etwas auf, was Sie an den bzw. die Ex-Partner*in erinnert, kommt der Schmerz mit all seiner Kraft wieder heraus und erwischt Sie aus dem Nichts. Um dies zu verhindern, ist es vollkommen okay, sich ein paar Tage zurückzuziehen und sich voll und ganz dem Kummer hinzugeben. Weinen Sie, so viel Sie wollen, und lassen Sie einmal alles raus.

Musik kann Ihnen beim Zulassen des Schmerzes genauso gut helfen wie Tagebuch zu schreiben. Aber tun Sie in dieser Phase erst einmal das, was sich für Sie richtig anfühlt, auch wenn es sich dabei um einen Serienmarathon der Lieblingsserie handelt. Ganz wichtig: Fühlen Sie sich nicht wert- oder etwa nutzlos, weil möglicherweise Ihre Produktivität in dieser Zeit leidet. Ein weiterer Tipp ist an dieser Stelle: Das Handy einfach mal auszumachen oder die sozialen Medien für ein paar Tage zu löschen, um sich nicht durch den Produktivitätswahn beeinflussen zu lassen.

2) Reden

Schütten Sie Ihr Herz einer nahestehenden Person aus, bei der Sie sich sicher sind, dass diese Ihnen intensiv zuhört und versucht, Sie zu verstehen. Wenn Sie Ihre Gedanken aussprechen, geben Sie ihnen Ausdruck, vielleicht bekommen Sie so schon eine ganz neue Sichtweise auf die Situation, allenfalls trägt das Aussprechen der Gedanken dazu bei, Wege der Verarbeitung einzuleiten. Außerdem wird es Ihnen guttun, wenn Sie nicht die ganze Zeit allein mit Ihren Gedanken sind, sondern jemand da ist, um Sie zu trösten und Ihnen gut zuzureden, auch wenn es Sie im ersten Moment Überwindung kosten mag, sich zu öffnen. Ebenfalls besteht die Chance, dass die andere Person Ihnen eine neue Betrachtungsweise eröffnet, da sie als außenstehende Person einen anderen Blickwinkel auf die Situation hat und nicht emotional involviert ist.

Dass Reden hilft, ist sogar wissenschaftlich bewiesen: Im Rahmen einer Studie der Northwestern University Evanston sollten Teilnehmende über Ihre Trennungsgeschichte berichten. Den Teilnehmern, die innerhalb eines Zeitraums von neun Wochen viermal drüber sprachen, ging es am Ende besser als denen, die nur zweimal einen Fragebogen zu ihrer Trennung ausfüllen sollten.[3]

Ein ebenfalls interessantes Ergebnis der Studie ist, dass es noch nicht mal eine andere Person sein muss, denen Sie Ihre Gedanken anvertrauen,

---

[3] https://journals.sage-pub.com/doi/10.1177/1948550614563085

Sie können auch einfach mit sich selbst reden, da es viel mehr um den Prozess des Reflektierens und des Laut-Aussprechens geht. Nichtsdestotrotz entgeht Ihnen hierbei die Chance einer reflektierten Sichtweise einer außenstehenden Person.

Fühlen Sie sich nicht wohl bei dem Gedanken, einer Person aus Ihrem Umfeld tiefsten Einblick in Ihre Gefühlswelt zu geben, können Sie sich auch an einen professionellen Psychologen oder Therapeuten wenden. Da die Wartezeiten bei solchen jedoch sehr lang sein können, können Sie alternativ auch auf Hotlines im Internet zurückgreifen – dort haben Sie sogar die Möglichkeit, anonym zu bleiben.

An wen kann ich mich wenden?
➤ www.telefonseelsorge.de
➤ www.nummergegenkummer.de

3) Reflektieren

Nachdem Sie jetzt möglicherweise eine neue Sicht auf die ganze Situation haben, wird es Ihnen leichter fallen, ordentlich zu reflektieren. Auch, wenn dies noch nicht der Fall sein sollte, ist dieser Schritt wichtig für den zukünftigen Verlauf:

Schreiben Sie sich eine Liste mit all den positiven Erinnerungen an Ihren bzw. Ihre Ex-Partner*in und danach eine über all die negativen Dinge, die Sie mit ihm oder ihr verbinden.

Dies können Sie zum Beispiel auch in Form einer Pro-Contra-Liste machen, die Gestaltung ist dabei Ihnen überlassen. Sich noch einmal die positiven Erinnerungen hervorzurufen, ist wichtig für den Prozess der Verarbeitung und die negativen Erinnerungen schwarz auf weiß vor sich zu sehen, hilft, die Situation zu entromantisieren und einen klareren, reflektierten Blick zu bekommen. Werden Sie sich bewusst: Hätte es wirklich eine realistische Zukunft für diese Beziehung gegeben?

Auch können Sie sich eine Liste über die kommenden Vorzüge des Singledaseins und die positiven Aspekte der Trennung machen. Zum Beispiel haben Sie jetzt wieder mehr Zeit für Ihre Freunde und Familie und vor allem für sich selbst. Hatten Sie in den Wochen vor der Trennung schon großen emotionalen Stress, fällt dieser in der Form auch endlich weg.

4) Aufräumen

Suchen Sie in diesem Schritt alle Gegenstände zusammen, die Sie an Ihren bzw. Ihre Ex-Partner*in erinnern und verstauen Sie sie in einer Box. Wichtig ist, dass Sie die Box an einem Ort lagern, wo sie Ihnen nicht so oft ins Auge springen kann, zum Beispiel in einer hinteren Ecke in einem Schrank. Sollte es Ihnen schwerfallen, können Sie auch eine Ihnen nahestehende Person darum bitten, diese Box für Sie aufzubewahren. Ich rate Ihnen bewusst dazu, die Box aufzubewahren, da diese Ihnen später ein Andenken an die gemeinsame Zeit mit der Person bietet und Sie in Zukunft, wenn Sie den Schmerz überwunden haben, wahrscheinlich dankbar für dieses Andenken sein werden.

Das Zusammenstellen solch einer Box hat auch gleichzeitig den Effekt des „inneren Aufräumens", denn befinden sich die Gegenstände nicht mehr in Ihrem unmittelbaren Umfeld, werden Sie nicht gezwungenermaßen ständig wieder an die Vergangenheit erinnert.

Damit einhergehend ist generell bewiesen, dass das äußere Umfeld Einfluss auf unseren inneren Gemütszustand hat. Ist die schlimmste Phase der Trauer überwunden und haben Sie wieder genug Kraft, um aufzustehen, rate ich Ihnen, Ihr Umfeld einmal gründlich aufzuräumen, sollte dies in der letzten Zeit etwas zu kurz gekommen sein. Dies bringt nicht nur Ablenkung, Sie werden auch merken, welch positiven Einfluss es auf Ihre Psyche haben wird.

Aber auch auf einer anderen Ebene tut es gut, aufzuräumen: Ihren Social-Media-Accounts. Reflektieren Sie: Wenn Sie für sich selbst das Gefühl haben, es tut Ihnen nicht gut, das Profil Ihres/Ihrer Ex-Partners/Ex-Partnerin ständig ansehen zu können, dann zögern Sie nicht und entfernen es. Besonders, wenn Sie in dieser Zeit noch dazu neigen, es ständig zu besuchen und nachzusehen, was er oder sie so treibt. Das Gleiche gilt für die Freunde Ihres Ex-Partners bzw. Ihrer Ex-Partnerin, sollten Sie durch diese an ihn oder sie erinnert werden. Vielleicht tut in dieser Phase aber auch ein genereller Abstand von den sozialen Medien gut, um sich einfach ein wenig mehr Zeit für sich selbst zu nehmen und nicht ständig unter anderen Einflüssen zu stehen.

Finden Sie sich außerdem dabei wieder, häufig Ihre Galerie zu öffnen und sich alte Bilder von der vergangenen Beziehung anzuschauen? Hier wäre der Tipp, diese Bilder auszudrucken und zusammen mit den anderen Gegenständen der Erinnerung in die Box zu tun und sie anschließend von Ihrem Handy zu löschen, um sich nicht ständig in der Vergangenheit zu verrennen.

5) „Self-Care"

Diesen Punkt habe ich aus mehreren Gründen bewusst in Anführungszeichen gesetzt: Zum einen, da der Begriff „Self-Care" vor allem durch die sozialen Netzwerke einen bestimmten Beigeschmack bekommen hat. Wenn Sie sich in bestimmten Sphären herumtreiben, dürfte es Ihnen bekannt vorkommen, dass der Begriff vor allem durch Influencer-Marketing geprägt ist und somit eigentlich nur eins zum Zweck hat: Konsum. Am häufigsten bezieht sich dies auf Kosmetikprodukte, nach dem Motto: „Tun Sie sich selbst etwas Gutes, indem Sie diese fünf neuen Produkte kaufen und sie in Ihre Hautpflegeroutine etablieren". Ich möchte das Ganze keinesfalls so abwertend darstellen und wenn genau so etwas Ihnen hilft, sich besser zu fühlen, dann tun Sie das! Nur ist es mir an dieser Stelle wichtig zu beleuchten, dass

„Self-Care" auch ganz anders sein und total individuell gestaltet werden kann.

Die Anführungszeichen haben außerdem die Begründung, dass Sie natürlich immer auf sich Acht geben sollten und das tun sollten, was Ihnen guttut, nur ist es in dieser Phase eben besonders wichtig. Nachdem Sie schon einige Schritte nach vorn gemacht haben, die Kraft hatten, sich von bedeutungsvollen Gegenständen zu trennen, welche Erinnerungen an den oder die Ex-Partner*in wach werden ließen, ist es nun umso wichtiger, dass Sie sich viel Zeit für sich nehmen, um zu tun, was Ihnen guttut. Lange Spaziergänge mit guter Musik in den Ohren, Ihr Lieblingsgericht kochen oder die Lieblingsserie schauen – eben das, was sich richtig anfühlt. Sehen Sie es so: Die Leidenschaft und Fürsorge, welche Sie für Ihren bzw. Ihre Ex-Partner bzw. Ex-Partnerin empfunden haben, können Sie nun voll und ganz in sich selbst investieren.

6) Stärken Sie Ihr Selbstbewusstsein
Es ist ganz normal, dass Sie sich in dieser Phase schuldig und somit nicht liebenswürdig fühlen. Darunter leidet allerdings Ihr Selbstwert sehr, weshalb es wichtig ist, dass Sie sich Folgendes

klarmachen: Sie sind gut so, wie Sie sind, egal, wie Sie sich fühlen, was gerade schiefläuft oder was zu der Situation geführt hat, in der Sie jetzt stecken.

Schreiben Sie sich eine Liste, mit allen Dingen, die Sie an sich gut finden. Dies können sowohl Äußerlichkeiten sein, aber auch Charaktereigenschaften oder persönliche Erfolge, auf die Sie stolz sind. Halten Sie sich vor Augen, dass Sie wertvoll sind und alles verdienen, was Sie sich wünschen.

Sie können diese Dinge auch auf kleine Zettel schreiben und diese an sichtbaren Stellen platzieren, um sich diese positiven Dinge immer wieder vor Augen zu führen. Am besten wäre es sogar, wenn Sie morgens nach dem Aufstehen einen Blick auf die Zettel werfen und sie sich zu verinnerlichen. Warum kleben Sie nicht ein paar an Ihren Spiegel?

Ein ganz ähnlicher Vorschlag wäre, ein sogenanntes „Vision-Board" zu erstellen – drucken Sie sich Bilder von Dingen aus, welche Sie in Ihrem Leben erstrebenswert finden und in der Zukunft erreichen möchten, beispielsweise ein Haus oder ein Haustier, ein bestimmter Karriereweg oder Bilder von Orten, an die Sie unbedingt einmal reisen möchten, und vereinen Sie sie auf einer großen Unterlage (Pappe oder Ähnliches) zu einer Collage. Dieses Vision-Board soll Sie motivieren, auf Ihre Ziele hinzuarbeiten, indem sie Ihnen vergegenwärtigt werden. Ihre Träume sind etwas ganz Individuelles und Sie verdienen es, sie Realität werden zu lassen.

7) <u>Ablenkung</u>

Sich Zeit für sich selbst zu nehmen, ist sehr wichtig, genauso wichtig ist in dieser Phase jedoch auch, mal rauszugehen und auf andere Gedanken zu kommen. Rufen Sie Ihre beste Freundin oder Ihren besten Freund an und machen Sie etwas, was Sie vielleicht schon länger nicht mehr gemacht haben, was Sie jedoch früher oft zusammen gemacht haben. Gehen Sie gemeinsam einkaufen und kochen Sie etwas Leckeres oder schnappen Sie sich eine Decke und veranstalten Sie ein Picknick, machen Sie eine Fahrradtour, gehen Sie ins Kino, treiben Sie gemeinsam Sport, seien Sie kreativ und malen zusammen ein Bild – egal was, auch hier gilt: Tun Sie das, worauf Sie Lust haben und was Ihnen Spaß bereitet.

Natürlich muss es nicht die beste Freundin oder der beste Freund sein, einfach eine Person, oder auch mehrere Personen, mit denen Sie sich wohlfühlen und welchen Ihre Situation bekannt ist.

Falls es nämlich doch dazu kommt, dass es Ihnen während einer Unternehmung gerade nicht so gut gehen sollte, was vollkommen in Ordnung wäre, sollten Sie offen mit Ihrem Umfeld kommunizieren können und sich nicht verstellen müssen.

8) Sich neu ausprobieren

Eine Trennung ist immer ein gravierender Einschnitt und verändert vermutlich Ihre komplette Lebenssituation. Warum verlassen Sie nicht Ihre Komfortzone und verändern auch etwas an sich? Vielleicht überlegen Sie schon länger, ob Sie sich diese eine bestimmte neue Frisur schneiden lassen sollen – wenn das der Fall ist, dann lassen Sie sich sagen: Jetzt ist der perfekte Zeitpunkt für diese Veränderung! Oder unternehmen Sie eine Shopping-Tour und decken Sie sich mit neuen Kleidungsstücken oder Accessoires ein, welche vielleicht gar nicht Ihrem eigentlichen Stil entsprechen.

Jedoch muss das „Sich-neu-Ausprobieren" nicht nur mit Äußerlichkeiten zu tun haben.

Versuchen Sie, einen neuen Platz in Ihrem Umfeld zu finden, probieren Sie neue Hobbys aus, von denen Sie bisher dachten, sie wären nichts für Sie. Neben dem positiven Effekt der Neuentdeckung Ihrer Selbst lernen Sie beim Ausprobieren neuer Hobbys auch viele neue Menschen kennen und wer weiß, was sich für neue Freundschaften entwickeln können?

Das Kennenlernen unterschiedlicher neuer Menschen wird Ihnen auch zu einem besseren Selbstverständnis verhelfen. Sie werden merken, welche Art von Mensch mitsamt Ihrer Wertvorstellungen am besten zu Ihnen passt und mit welcher Sie am besten zurechtkommen.

Sie können also nur profitieren, indem Sie heraus in die Welt treten. Für einen kompletten Bruch mit Ihrem alten Umfeld lohnt es sich, zu überlegen, ob Sie sich nicht vielleicht nach einer neuen Wohngelegenheit umschauen möchten, am besten in einer ganz anderen Gegend. An dieser Stelle bietet es sich an, das Beispiel meiner besten Freundin einzubringen, welche für lange Zeit an sehr starkem Liebeskummer gelitten hat und letzten Endes in eine neue, ihr noch ganz unbekannte

Stadt gezogen ist. Dieser Ortswechsel hat stark zu Ihrer seelischen Besserung beigetragen.

Auch ein anderer Aspekt, welchen ich Ihnen in diesem Zusammenhang der Neuerfindung mit ans Herz legen möchte, ist die Kreativität. Dies mag nicht für jeden etwas sein, aber wie schon an voriger Stelle erwähnt, entstanden eine Vielzahl an weltberühmten Songs, Kunstwerken oder literarischer Werke aus der Verarbeitung des Herzschmerzes des jeweiligen Künstlers – das Klischee des leidenden Künstlers hat in der Tat wahre Wurzeln, denn wie einst der Publizist Roger Willemsen erkannte: „Liebeskummer ist das stärkste Gefühl überhaupt. Sogar stärker als die Liebe selbst."[4]

Um Ihnen ein Beispiel von vielen zu nennen: Ein Buch, was oft mit diesem Thema verknüpft wird, ist „Die Leiden des jungen Werthers" von Goethe, in welchem der Protagonist Werther an einer gescheiterten Liebe zugrunde geht. Dazu gibt es viele Anknüpfpunkte an die Autobiografie Goethes, wodurch es als sehr wahrscheinlich gilt,

---

[4] https://www.femelle.ch/love/wie-sie-liebeskummer-positiv-nutzen-76

dass Goethe durch die Verschriftlichung dieses Werks einen Prozess der Verarbeitung durchlebte.

Vielleicht könnte das auch Ihnen helfen: Ihre Situation aus einem anderen Standpunkt betrachtet aufzuschreiben. Möglicherweise gelingt es Ihnen dadurch, die rosarote Brille ein weiteres Stück abzulegen und die Situation reflektierter wahrzunehmen.

Liegt Ihnen das Schreiben nicht, probieren Sie doch einmal aus, Ihrer Kreativität freien Lauf zu lassen und Ihre Gefühle in einer anderen Art und Weise auszudrücken – sei es in Form eines selbst gemalten Bildes oder einer Collage aus ausgedruckten Bildern, welche Ihre Gefühlslage widerspiegeln. Auch hier bietet sich ein großer Spielraum, Sie könnten beispielsweise zu Aquarellfarben greifen oder mit Acryl auf eine Leinwand malen – Ihrer Kreativität sind keine Grenzen gesetzt, probieren Sie sich einfach aus!

9) <u>Neue Sichtweisen zulassen</u>

Dieser Punkt kann auch eng mit dem vorigen verknüpft werden, man könnte ihn als „sich mental neu ausprobieren" interpretieren. Allerdings füge ich diesen Punkt bewusst dem vorigen hinten an und differenziere somit, da es einige Zeit braucht, um neue Sichtweisen zuzulassen. Neue Hobbys lassen sich einfacher ausprobieren, als sich neue Sichtweisen und Denkmuster anzueignen. Ich möchte zum Ausdruck bringen, dass es wichtig ist, sich trotz der erfahrenen Enttäuschung und des überwältigenden Schmerzes nicht in Zukunft zu isolieren.

Es mag auch auf den ersten Blick etwas banal klingen und nicht richtig zu Ihnen durchdringen, aber sehen Sie es mal so: Ist es nicht viel schöner, zu fühlen, als sich zu verstecken und zu verschanzen? So viel für einen Menschen empfinden zu können, ihn lieben zu können?

Lassen Sie sich gesagt sein, dass es normal ist zu denken, Sie würden den Schmerz niemals überwinden können. Nach dem Befolgen dieser Tipps sollte es Ihnen jedoch schon leichter fallen, positiv in die Zukunft zu blicken und sich neuen Ansichten zu öffnen.

Nach diesen ersten Tipps möchte ich einen kurzen Einschnitt machen und Ihnen raten, diese Tipps mit Achtsamkeit zu befolgen. Wichtig ist, dass Sie sich bei allem, was Sie tun, wohlfühlen. Des

Weiteren ist das Sprichwort „Zeit heilt alle Wunden" zwar nicht gerade der beliebteste Rat, den man in solch einer Phase zu hören bekommen möchte, jedoch ist es wirklich wichtig, sich genügend Zeit zu nehmen. Sie sollten aufpassen, sich nicht zu schnell in etwas Neues zu stürzen. Dabei spielt es keine Rolle, ob dies durch eine neue Person in Ihrem Leben geschieht oder ob Sie sich mit aller Kraft so viele neue berufliche Projekte wie nur möglich aufhalsen – Ablenkung ist gut, Verdrängung hingegen nicht, denn einholen wird Sie der Schmerz leider früher oder später, verdrängen Sie ihn, verzögert es diesen zwar, schwächt ihn aber keineswegs ab. Im Gegenteil: Häufig leiden Sie durch das Verdrängen noch viel schlimmer.

Übrigens: Der aufgestellte Vergleich von Menschen, die unter einem Trennungsschmerz leiden, und solchen, die einen Drogenentzug vollziehen, macht klar, dass nur ein absoluter Bruch zu dem Ex-Partner oder der Ex-Partnerin hilft, einer Lösung des Problems näherzukommen. Jeder Rückfall schadet dem Prozess des Vorankommens und der Überwindung. Das heißt: Keine alten Bilder anschauen, nicht die Social-Media-Accounts des oder der Ex-Partner*in stalken und vor allem: kein Kontakt. Die Droge vermeiden.

WAS SAGT DIE MEDIZIN?

Aufgrund der Tatsache, dass psychischer und physischer Schmerz in denselben Hirnregionen verarbeitet wird, belegen Studien, dass Schmerzmittel gegen körperliche Beschwerden wie zum Beispiel Paracetamol oder Ibuprofen auch den Liebeskummer abschwächen können. Allerdings sollte man diese Einnahme mit Vorsicht angehen, zu häufige Einnahmen von Schmerzmitteln können zum einen die Wirkung abschwächen und außerdem zu anderen gesundheitlichen Schäden führen.

Auch etwas, was den Schmerz nur kurzfristig abschwächen lässt, ist das Essen. Das Klischee, bei Liebeskummer haufenweise Schokolade und Eiscreme zu verschlingen, hat also auch einen wahren Grundgedanken: Nämlich ist bewiesen, dass Essen die Konzentration vom Stresshormon Cortisol senken kann. Als Langzeittherapie sollten Sie dies jedoch nicht in Betracht ziehen, da sich daraus schnell ein Prozess des „Emotional eating"

oder auch „stress eating" entwickeln kann, welches nur kurzzeitig ein positives Gefühl gibt. Essen dient dann als Kompensierungsmechanismus
negativer, aber auch positiver Emotionen. Auf
Dauer schädigt dies das Hunger- und Sättigungs-
gefühl, da gegessen wird, ohne körperlichen Hunger zu verspüren, denn es handelt sich hierbei
mehr um einen „mentalen Hunger". Meist werden
sehr große Portionen gegessen und auch wird ten-
denziell eher zu ungesunden Lebensmitteln ge-
griffen.

Das emotionale Essen hat evolutionäre Hin-
tergründe, nämlich war man früher in stressigen
Situationen, beispielsweise bei Verfolgung eines
Tieres, auf schnelles Handeln angewiesen. Es ging
darum, möglichst viel Essen zu bunkern, um lang
genug damit auszukommen.

Was tun, wenn Sie unter emotionalem Essen
leiden?

Tipps gegen emotionales Essen
Wenn Sie das nächste Mal in einem besonders
stressigen oder emotionalen Moment das Bedürfnis verspüren, zum Essen zu greifen, halten Sie

einen Moment inne und versuchen Sie, reflektiert an die Sache heranzugehen.

Stellen Sie sich folgende Fragen:
➤ Warum greife ich gerade zum Essen?
➤ Verspüre ich wirklich körperlichen Hunger oder ist es das Unterbewusstsein, das etwas zu kompensieren versucht?
➤ Was ist der Auslöser für mein eigentliches Problem?
➤ Was kann ich mir gerade Gutes tun, um mich wirklich besser zu fühlen?

Wenn Sie herausgefunden haben, dass Sie eigentlich gerade gar keinen körperlichen Hunger verspüren, kann auch Essen nicht die Lösung Ihrer Probleme sein.

Von Medizinern hingegen ein langfristig empfohlenes Konzept gegen Liebeskummer ist der Sport – am besten an der frischen Luft betrieben. Er ist sogar ein wissenschaftlich bewiesenes Mittel, welches Depressionen und Ängste lindern kann. Können Sie sich dazu gerade noch nicht aufraffen, fragen Sie doch mal einen Freund oder eine Freundin, ob diese Sie begleiten wollen –

gegenseitige Motivation kann da Wunder wirken – oder begeben Sie sich alternativ erst mal auf einen langen Spaziergang. Durch die Bewegung steigt der Serotoninspiegel und Glückshormone werden ausgeschüttet.

WAS TUN GEGEN DIE KÖRPERLICHEN BESCHWERDEN?

Kommen wir nun zu den Tipps, die ich Ihnen gegen die unschönen körperlichen Begleiterscheinungen des Trennungsschmerzes geben möchte.

1) Schlafstörungen

Vor allem ein Symptom kann unser Wohlbefinden stark beeinflussen: Schlaflosigkeit. Ausreichender und qualitativ guter Schlaf ist enorm wichtig für uns, um am Tag zu funktionieren. Schlafen wir auf Dauer zu wenig, hat dies weitreichende Folgen für sehr viele Bereiche unseres Lebens.

Was kann man also nun gegen die Schlafstörungen, bedingt durch den Liebeskummer, tun?

➢ *Umfeld*

Bevor Sie mit den eigentlichen Praxistipps beginnen, sollten Sie Ihr Umfeld so gestalten, dass es

Ihnen optimale Voraussetzungen zu einem guten, erholsamen Schlaf bieten kann, denn wie wir wissen, hat unser Umfeld Auswirkungen auf unser inneres Wohlbefinden. Achten Sie darauf, Ihr Schlafzimmer tagsüber gut zu lüften, um ausreichend Sauerstoff sicherzustellen. Auch sollte Ihr Umfeld möglichst aufgeräumt sein, denn dann fühlen wir uns auch innerlich besser, als würden wir in einem chaotischen Umfeld einzuschlafen versuchen.

Wenn es Ihnen möglich ist, verdunkeln Sie Ihr Zimmer, so gut es geht. Durch die Dunkelheit wird das Schlafhormon Melatonin ausgeschüttet, welches Sie müde macht. Leben Sie in einem lauten Umfeld, etwa direkt an der Straße, empfiehlt es sich, Ohrstöpsel zu besorgen, damit Sie bestmöglich zur Ruhe kommen.

➤ *Einschlafritual*
Um erst einmal überhaupt wieder besser einschlafen zu können, empfiehlt sich, ein Ritual vor dem Schlafengehen einzurichten. Dies kann eine Tasse Tee sein oder ein Entspannungsbad, ein paar Seiten vor dem Schlafengehen zu lesen oder eine Runde Yoga, wichtig ist, einen wiederkehrenden

Ablauf zu schaffen. So fällt es dem Körper leichter, zur Ruhe zu kommen, und hat er sich erst einmal dran gewöhnt, wird ihm signalisiert, dass es nun Zeit zum Schlafen ist. Monotonie entspannt.

➤ *Routine schaffen*
Dieser Punkt knüpft an den vorigen an: Ein geregelter Tagesablauf ist genauso wichtig wie eine geregelte Schlafroutine. Das bedeutet: Vermeiden Sie „Powernaps", also das kurze Nickerchen zwischendurch, auch wenn diese Ihnen versprechen, neue Energie zu erlangen. Häufig sagt man sich, man lege sich nur für ein paar Minuten hin und dann passiert es doch: Man wacht erst nach ein paar Stunden wieder auf, was logischerweise dazu führt, dass man nachts wieder nur schwer einschlafen kann. Versuchen Sie, sich anzueignen, jeden Tag zur selben Zeit aufzustehen und zur selben Zeit ins Bett zu gehen.

➤ *Anspannung vermeiden*
Direkt vor dem Schlafengehen sollten Sie nervenaufreibende Dinge vermeiden, um bestmögliche Entspannung zu erlangen. Es empfiehlt sich also nicht, noch einen Horrorfilm zu schauen, auch

wenn diese zu Ihrem Lieblingsgenre gehören. Beim Lesen sind auch eher entspanntere und leichtere Lektüren von Vorteil, welche Sie nicht zu sehr in den Bann ziehen, sodass Sie die halbe Nacht wach liegen und sich den Kopf darüber zerbrechen. Ebenfalls zu vermeiden ist laute Musik, setzen Sie hier auch auf ruhigere Klänge oder erstellen Sie sich doch vielleicht einfach eine Einschlaf- oder Entspannungsplaylist!

Ganz wichtig: kein Internet vor dem Schlafengehen! Zum einen strahlen technische Geräte wie das Smartphone blaues Licht aus, welches den Effekt einer geringeren Ausschüttung von Melatonin mit sich bringt, zum anderen kennen Sie sicher das Problem: Man will nur noch kurz den Freunden antworten und findet sich eine halbe Stunde später in irgendeinem sozialen Netzwerk wieder – im schlimmsten Falle sogar auf dem Profil des Ex-Partners oder der Ex-Partnerin. Dies verursacht natürlich nur noch mehr Stress und hindert Sie am Schlafen.

➤ *Die 30-Minuten-Regel*
Diese Regel besagt, dass Sie nicht länger als 30 Minuten schlaflos im Bett liegen sollten. Stehen Sie

auf und machen Sie etwas anderes – achten Sie hierbei allerdings drauf, dass Sie etwas Entspannendes machen, was Ihren Beruhigungsprozess fördert. Gehen Sie beispielsweise in die Küche und kochen Sie sich eine Tasse Tee oder schnappen Sie ein wenig frische Luft.

Des Weiteren sollten Sie aber auch den panischen Blick auf die Uhr vermeiden, welcher häufig dazu führt, die verbleibenden Stunden Schlaf auszurechnen. Dies setzt Sie noch stärker unter Druck und hindert Sie noch mehr daran einzuschlafen, anstatt Ihnen etwas Positives zu bringen.

➤ *Entspannungsübungen*

Etwas, was Sie entweder in der Phase, in welcher Sie nicht einschlafen, tun können oder aber auch schon davor, sind Entspannungsübungen wie Yoga oder Meditation. Diese tragen dazu bei, Ihre Muskeln zu entspannen und Körper und Geist in Einklang zu bringen. Es stärkt somit Ihr Selbstbewusstsein, hilft aber auch beim Einschlafen. Am besten durchstöbern Sie mal das Internet, um die Übungen zu finden, die am besten zu Ihnen passen.

> *Einschlafhilfen durch Geräusche*

Zwar sollten Sie Ihr Smartphone vor dem Schlafengehen meiden, sollte Ihnen das Einschlafen jedoch einfach nicht gelingen, können Sie auch Hörspiele oder geführte Einschlafmeditationen ausprobieren. Manchen Menschen hilft es, nicht in kompletter Stille mit Ihren Gedanken allein zu sein, sondern sich etwas anzuhören. Mein persönlicher Tipp: Auf YouTube gibt es Songs, welche mit Regengeräuschen hinterlegt wurden, wodurch sich ein entspannender Effekt ergibt. Probieren Sie sich auch hier ein wenig durch, manchen Menschen fällt es zum Beispiel auch mit Regen- oder anderen Naturgeräuschen leichter einzuschlafen, andere bevorzugen ruhige, klassische Musik.

> *Natürliche Einschlafhilfen*

Von Schlafmitteln rate ich Ihnen bewusst ab, da Sie sich durch Einnahme solcher oft am nächsten Tag noch sehr müde fühlen und dies nicht gerade zur Besserung Ihres Wohlbefindens beiträgt, außerdem helfen diese lediglich beim Einschlafen und nicht dabei, die Tiefschlafphase und damit die wirklich erholsame Phase zu erreichen. Sollten Sie das Gefühl haben, dass bei Ihnen jedoch gar nichts mehr wirkt und Sie dringend mal wieder ausreichend Schlaf bekommen sollten, sprechen Sie vorher mit einem Arzt über Ihre Überlegung zur Einnahme bestimmter Schlafmittel.

Was hingegen eine bessere Lösung darstellt, sind natürliche Schlafmittel, wie zum Beispiel Baldrian. Das Kraut ist bekannt für seine Anwendung gegen Schlafstörungen aller Art und besonders geeignet gegen Einschlafprobleme. Empfehlen kann ich Ihnen eine Tasse Baldriantee am Abend – es hat sich herausgestellt, dass die Wirkung nach etwa einer Stunde eintritt. Die optimale Zeit, ihn zu trinken, liegt bei etwa 21 Uhr, da Sie so dem Körper genug Zeit geben, zur Ruhe zu kommen. Natürlich können Sie aber für sich selbst entscheiden, um wie viel Uhr es Ihnen am besten passt. Aber haben Sie Geduld: Manchmal gewöhnt der Körper sich auch erst nach einigen Tagen um und der Tee zeigt erst dann eine Wirkung. Auch hier ist eine regelmäßige Einnahme also der Schlüssel. Zusätzlich empfiehlt es sich, ein Baldrianbad zu nehmen. Hierbei kochen Sie einfach 100 ml Baldrianwurzelöl in 2 Litern Wasser auf und geben dies anschließend in Ihr Badewasser.

Andere natürliche Kräuter, welche eine entspannende Wirkung hervorbringen und beim Einschlafen helfen, sind Lavendel und Melisse. Besonders Lavendel hat eine sehr beruhigende und angstlösende Wirkung – Sie sollten es auf jeden Fall mal ausprobieren. Ist gerade keine Lavendelsaison, können Sie auch alternativ Lavendelöl in einer Duftlampe ausprobieren oder auch einfach einen getrockneten Strauß in Ihrem Schlafzimmer platzieren. Darüber hinaus können Sie sich auch ein Kräuterkissen zulegen, optimal natürlich mit Lavendelduft.

Viele Menschen schwören außerdem auf die heiße Milch mit Honig vor dem Schlafengehen, welche Sie auch super in Ihr Einschlafritual einbauen können. Nicht nur besonders lecker wird dieses Getränk, wenn Sie ¼ Vanilleschote dazugeben, Vanille hat zudem auch einen positiven Effekt gegen Schlaflosigkeit.

➢ *Schlaffördernde Lebensmittel*
Natürlich gibt es auch eine Reihe von Lebensmitteln, welche Müdigkeit hervorrufen und somit empfehlenswert für das Abendessen sind oder sich auch als Snack vor dem Schlafengehen

eignen. Durch verschiedene Salatsorten, wie zum Beispiel Chicorée, Romana, Radicchio oder Endivie, werden Erregungszustände gedämpft und Stress abgebaut, was an den in ihnen enthaltenen Bitterstoffen liegt. Wieso nicht einen fruchtigen Salat am Abend? Am besten geben Sie viele rote Weintrauben hinein: Diese sind ein natürliches Mittel, den Körper mit dem Schlafhormon Melatonin zu versorgen. Bewiesen ist, dass bereits 300 g rote Trauben sich positiv auf den Einschlafprozess auswirken. Genehmigen Sie sich auch ab und zu ruhig ein Glas Rotwein ohne schlechtes Gewissen, dieser besitzt ebenfalls einen hohen Anteil Melatonin. Als Snack nach dem Abendessen eignen sich Bananen, welche die Produktion von Melatonin und Serotonin fördern und sich somit allgemein positiv auf unser Wohlbefinden auswirken. Auch viele Nusssorten sind bekannt dafür, den Schlaf zu fördern, so zum Beispiel Cashews, Walnüsse oder Mandeln.

➤ *Gesunde Ernährung*
Über die schlaffördernden Lebensmittel hinaus bildet eine gesunde Ernährung den Grundbaustein für erholsamen Schlaf und ein allgemeines

Wohlbefinden. Darüber hinaus sollten Sie auf leicht verdauliche Lebensmittel wie Salat und Gemüse am Abend setzen. Schwer verdauliche Lebensmittel, welche hohe Mengen an Kohlenhydraten und Fetten enthalten, sind demnach abends, insbesondere zwei Stunden vor dem Schlafengehen, zu vermeiden. Auch von Alkohol, Nikotin und Koffein sollten Sie sich fernhalten, besonders am späten Nachmittag/Abend. Auf die Lebensmittel, welche über ihre positive Wirkung bei Schlafstörungen hinaus auch gut gegen Liebeskummer sind, gehe ich im folgenden Verlauf noch genauer ein.

2) Veränderungen des Essverhaltens

Wie bereits bekannt, wirkt sich Liebeskummer auf Ihren Appetit aus – viele Menschen leiden unter Appetitlosigkeit und bekommen kaum einen Bissen herunter, andere wiederum haben mit genau dem Gegenteil zu kämpfen, eine Lücke in sich durch Essen füllen zu müssen.

Eine gesunde Ernährung als Grundbaustein ist gerade in Ihrer jetzigen Lebenssituation so wichtig. Ich möchte Ihnen nun einige Lebensmittel nennen, welche sich positiv auf den allgemeinen Gemütszustand auswirken und bei Liebeskummer helfen können.

Sehr wichtig für die Nerven sind *Aminosäuren*. Vor allem enthalten sind diese in Milchprodukten, Eiern, Vollkorngetreide, Fisch und Geflügel. Besonders wichtig für Sie ist die Aufnahme der Aminosäure *Tryptophan*, welche die Bildung von Serotonin fördert. Diese finden Sie beispielsweise in Avocados, Käse, Nüssen, Tomaten und Bananen. Weitere wichtige Lieferanten des Glückshormons *Serotonin* sind Ananas und getrocknete Datteln. Essenziell zur Stresslinderung und demnach für Sie ist das Mineral *Magnesium*, welches in Vollkornprodukten, Bananen, Geflügel, Gemüse und Milchprodukten zu finden ist. Weiterhin gut für die Nerven ist **Vitamin B**, vor allem enthalten in Vollkornreis, Milchprodukten, Eiern, Fleisch und Vollkorngetreide, sowie *Lecithin*, welches Sie durch Erbsen, Walnüsse, Sojaprodukte, Buttermilch und Mais aufnehmen können. Scharfe Lebensmittel wie der rote Chili enthalten *Capsaicin*, durch dessen Aufnahme aufgrund der Schärfe dem Gehirn ein Schmerz signalisiert wird. Als Reaktion auf den Schmerz schüttet der Körper Endorphine aus, welche dazu beitragen, Ihre Stimmung zu heben.

Abschließend lässt sich natürlich noch sagen, dass es in jeder Lebenslage wichtig ist, darauf zu achten, genügend Wasser (etwa 1,5 l pro Tag) zu trinken. Des Weiteren empfehle ich Ihnen auch noch Johanniskrautkapseln, welche Sie rezeptfrei in der Apotheke bekommen. Johanniskraut trägt dazu bei, Ihre Stimmung aufzuhellen, innere Unruhe zu reduzieren und ist manchen auch als natürliches Antidepressivum bekannt.

3) Panikattacken

Sollten Sie unter wiederkehrenden Panikattacken aufgrund Ihres Trennungsschmerzes leiden, rate ich Ihnen zunächst, sich an einen Arzt / eine Ärztin zu wenden, da diese/r sich ein genaueres Bild Ihrer Situation einholen kann, um dann professionellen, spezifischen Rat zu geben. Es jedoch auch einige Tipps, die Sie selbst in der akuten Situation einer Panikattacke tun können.

➢ *Akzeptanz der Angst*
Verspüren Sie schon leichte Anzeichen von aufkommender Panik und starken Angstgefühlen,

nehmen Sie diese Gefühle an und akzeptieren Sie, dass Sie sich möglicherweise zu einer Panikattacke entwickeln werden. Unterdrücken ist auch hier keine Lösung der Probleme, meist wird das Ausmaß der Panikattacke nur noch verschlimmert. Werden Sie sich bewusst, dass Sie diese Gefühle möglicherweise schon einmal verspürt haben und dass es Ihnen wieder besser gehen wird.

➢ *Atmung kontrollieren*

Wie bereits beschrieben, gehen Panikattacken oft mit Atemnot einher, weshalb sich dieser Ratschlag auf die Atmung beziehen wird. Versuchen Sie, sich aufrecht hinzusetzen und bewusste, lange Atemzüge zu machen. Sollte Ihnen das nicht gelingen und Ihre Atmung droht, sich zu verschlimmern, nchmen Sie eine Tüte zur Hand und formen Sie diese trichterartig, um in sie hineinatmen zu können. Dieser Tipp dient vor allem zur Vorsorge, da es in der akuten Situation natürlich nicht unbedingt möglich sein wird, erst mal eine Tüte zu suchen. Deshalb empfehle ich Ihnen, sich einen Stapel Tüten an einem Ort zurechtzulegen, wo Sie sie im Ernstfall schnell griffbereit haben, zum Beispiel in der Handtasche oder auf dem Nachttisch.

Besonders geeignet sind für diesen Tipp übrigens kleine Brottüten aus Papier.

Ich lege Ihnen diese Drei-Schritte-Atemübung ans Herz:

1) Atmen Sie sieben Sekunden lang tief ein, durch die Nase bis in den Bauch hinein.

2) Halten Sie nun weitere sieben Sekunden lang den Atem an.

3) Ebenfalls sieben Sekunden lang sollen Sie nun durch den Mund ausatmen, die Luft dabei aus dem Bauch drücken. Dies ist auch der entscheidende Schritt der Übung, denn durch ihn gelingt es, den durch Hyperventilation entstandenen niedrigen Kohlendioxidgehalt im Blut auszubalancieren.

➤ *Schärfung der Wahrnehmung*

Versuchen Sie, Ihr Umfeld genauestens zu analysieren und so von der Angst abzulenken. Lenken Sie Ihre Konzentration auf Dinge in Ihrem Umfeld, um so ins Hier und Jetzt zurückzukehren. Hier habe ich auch eine weitere Übung für Sie, nach dem „Fünf-Sinne-Prinzip":

1. Beginnen Sie damit, sich fünf Sachen in Ihrem Umfeld zu vergegenwärtigen, die Sie **sehen** können.

2. Nun können Sie einen Finger Ihrer Hand runternehmen und sich vier Dinge suchen, die Sie **fühlen** können und dies auch ausführen.

3. Weiter geht es mit drei Dingen, die Sie **hören** können; hören Sie allen nacheinander bewusst einen Moment zu.

4. In diesem Schritt vergegenwärtigen Sie sich zwei Dinge, die Sie **riechen** können. Sollten Sie sich gerade in keinem Umfeld befinden, in welchem verschiedene Gerüche präsent sind, erinnern Sie sich an zwei bestimmte Düfte, die Sie gern mögen, und versuchen Sie, sich diese so genau wie nur möglich ins Gedächtnis zu rufen.

5. Der letzte Punkt ist, sich einer Emotion bewusst zu werden, die Sie gerade **fühlen**.

Übrigens: Meine beste Freundin litt nach Ihrer letzten Trennung auch unter liebeskummerbedingten Panikattacken und legte mir deshalb diesen Tipp so sehr ans Herz, da er bei Ihr Wunder wirkte.

➢ *Beruhigende Musik*

Dass man heutzutage sein Smartphone immer in unmittelbarer Nähe griffbereit hat, mag einige Nachteile haben, erweist sich im Falle einer Panikattacke allerdings insofern als praktisch, als Sie so einfach auf Musik zugreifen können. Denken Sie also daran, sich Kopfhörer einzupacken, wenn Sie das Haus verlassen.

➢ *Bewegung*

Panikattacken sind Zustände, in denen Sie viel Energie aufbauen. Um diese wieder abzubauen und damit den Stress zu reduzieren, empfehlen sich kräftige Bewegungen wie Hampelmänner oder Kniebeugen. Befinden Sie sich in der Öffentlichkeit, versuchen Sie es so, indem Sie Ihre Fäuste ballen und von eins bis fünf zählen. Lassen Sie dann die Anspannung abfallen und konzentrieren Sie sich bewusst auf die Entspannung. Wiederholen Sie dies beliebig oft, bis Sie das Gefühl haben, einen Zustand der Besserung erreicht zu haben.

➢ *Erfrischung*

Haben Sie gerade Zugang zu einem Waschbecken in der Nähe, trinken Sie einen Schluck kühles

Wasser, welches die Atmung verlangsamt. Außerdem optimal wäre es, ein wenig Wasser ins Gesicht zu spritzen oder über die Unterarme laufen zu lassen. Hierbei empfiehlt sich jedoch eher wärmeres Wasser, welches den Herzschlag verlangsamen lässt.

➤ *Dem Fluchtreflex widerstehen*
Dieser Ratschlag wird nicht einfach sein, aber versuchen Sie, dort zu bleiben, wo Sie sich befinden. Stemmen Sie die Füße fest auf den Boden, spüren Sie den Untergrund, auf welchem Sie in diesem Moment stehen oder sitzen. Es geht darum, dass Sie sich erden und sich auf Ihr Umfeld konzentrieren. Versuchen Sie, trotz des Bewusstseins, jederzeit gehen zu können, die Situation auszuhalten.

Und wie geht es nun weiter?

Wir sind nun schon am Ende meiner Tipps für Sie angelangt, dennoch möchte ich Ihnen noch ein kurzes Fazit geben, was Sie nun aus einer solchen Lebensphase mitnehmen können und wie Sie wieder mit positiven Gedanken in die Zukunft blicken können.

Befinden Sie sich in diesem Moment noch in einer der schlimmsten Phasen des Liebeskummers und sehen Sie kaum noch einen Ausweg, denken Sie einmal an die Zeit in ein paar Wochen oder

Monaten, in welcher es Ihnen schon wieder besser gehen wird – Sie werden stolz auf sich sein, nicht aufgegeben zu haben.

Sie werden gestärkt aus dieser Phase herausgehen und bemerken, zu wie viel Sie eigentlich imstande sind. Schauen Sie zurück, werden Sie sehen, dass diese Zeit enorm zu Ihrer Persönlichkeitsentwicklung beigetragen hat, denn wie wir nun wissen, gilt Liebeskummer als Anpassungsstörung und solch eine zu überwinden, raus aus Ihrer Komfortzone zu gehen und sich ein neues Leben aufzubauen, erfordert ein extrem hohes Maß an Mut und Überwindung.

Dadurch, dass Sie nun so viel Zeit mit sich selbst verbracht und in sich selbst investiert haben, werden Sie mit einem gestärkten Selbstbewusstsein diese Phase hinter sich lassen. Sie werden vielleicht sogar erstaunt sein, was Sie alles noch gar nicht über sich selbst wussten, welche Sportarten Ihnen eigentlich Spaß machen oder dass Sie ein verstecktes künstlerisches Talent besitzen.

Des Weiteren können auch andere Menschen durch Ihre Entwicklung profitieren: Was Sie aus der Phase des Liebeskummers nämlich noch mitnehmen werden, ist in jedem Fall Empathie. Wenn Sie das nächste Mal jemandem begegnen, der unter starkem Herzschmerz leidet, können Sie ihm oder ihr definitiv ein paar hilfreiche Tipps mit auf den Weg geben und der Person gut zureden. Zu oft werden die Leiden der Personen nicht so ernst genommen, wie sie sollten, was sie nur noch mehr runterziehen wird. Und dann ist es umso schöner, auf eine Person wie Sie zu treffen, welche ihren Schmerz aufgrund persönlicher Erfahrungen verstehen kann und nicht versucht, ihn herunterzuspielen.

Außerdem werden Sie nun durch intensives Reflektieren und die Auseinandersetzung mit der Trennung auch viele Erkenntnisse erlangt haben, wie Sie Ihre Beziehungen in Zukunft gestalten wollen. Welche Qualitäten Ihres Gegenübers sind Ihnen wirklich wichtig, was können Sie überhaupt nicht mit sich und Ihren Wertvorstellungen vereinbaren? Das Kennenlernen verschiedener neuer Menschen wird auch dazu beitragen, diese Fragen besser beantworten zu können. Wichtig ist vor allem, nicht voreilig zu handeln und Dinge nicht zu überstürzen. Vielleicht werden Sie aber auch zu dem Entschluss gekommen sein, erst einmal keine neue Beziehung eingehen zu wollen, sondern neue Erfahrungen zu sammeln.

Als abschließendes Fazit möchte ich Ihnen noch mit auf den Weg geben, dass es, so schön es auch wäre, kein Wundermittel zur Heilung Ihrer Schmerzen gibt. Zeit und Abstand zu Ihrem bzw. Ihrer Ex-Partner*in sind die ausschlaggebenden Faktoren. Und natürlich vor allem, dass Sie nicht aufgeben, den Schmerz nicht verdrängen und gut auf sich Acht geben, wobei eine gesunde Bindung zu Ihrem Umfeld auch von großem Wert ist.

Ich wünsche Ihnen von Herzen alles Gute für die Zukunft und natürlich, dass dieser Ratgeber Ihnen im Rahmen des Heilungsprozesses behilflich sein konnte!

Herstellung und Verlag:

BoD – Books on Demand, Norderstedt

ISBN: 9783756231409

© Anna-Maria Perlich 2022

1. Auflage

Kontakt: Psiana eCom UG/ Berumer Str. 44/ 26844 Jemgum

Covergestaltung: Fenna Larsson

Coverfoto: depositphotos.com